HECTOR MANCEAUX
MEMBRE DES SOCIÉTÉS DE GÉOGRAPHIE D'ANVERS, DE BRUXELLES ET DE NANTES
DE LA SOCIÉTÉ DES SCIENCES, DES ARTS ET DES LETTRES DU HAINAUT
DU CERCLE ARCHÉOLOGIQUE DE MONS
PRÉSIDENT DE LA SOCIÉTÉ DES BIBLIOPHILES BELGES, ETC

EXPRESS-VOYAGE

DANS

L'EUROPE ET L'AFRIQUE

RENTRÉE EN BELGIQUE
PAR L'OCÉAN ATLANTIQUE, LE PORTUGAL, L'ESPAGNE & LA FRANCE

SA MAJESTÉ LÉOPOLD II
SOUVERAIN DE L'ÉTAT INDÉPENDANT DU CONGO

MONS
HECTOR MANCEAUX, IMPRIMEUR-ÉDITEUR
1889

EXPRESS-VOYAGE

DANS

L'EUROPE ET L'AFRIQUE

CORTÈGE DE PARADE D'UN COMBAT DE TAUREAUX EN ESPAGNE.

EXPRESS-VOYAGE

DANS

L'EUROPE & L'AFRIQUE

PAR

HECTOR MANCEAUX

MEMBRE CORRESPONDANT DE LA SOCIÉTÉ DE GÉOGRAPHIE D'ANVERS
MEMBRE EFFECTIF DE LA SOCIÉTÉ BELGE DE GÉOGRAPHIE
DE LA SOCIÉTÉ DES SCIENCES DU HAINAUT
DU CERCLE ARCHÉOLOGIQUE DE MONS, ETC., ETC

MARINE

MONS

HECTOR MANCEAUX, IMPRIMEUR-ÉDITEUR

1889

EXPRESS-VOYAGE

EUROPE.

CONTRÉES DU NORD.

RUSSIE.

La Russie dépasse en étendue tout le reste de l'Europe elle est 189 fois plus grande que la Belgique ; cependant sa population, qui est de 91 millions d'habitants, n'est qu'un peu plus de 16 fois celle de ce petit pays.

L'empire de Russie est une monarchie absolue : le souverain, qui porte le titre de *Czar* ou empereur de toutes les Russies, est en même temps le chef suprême de l'église

PERSPECTIVE NEWSKI, A SAINT-PÉTERSBOURG.

grecque. Son autorité s'étend aussi sur environ 10 millions d'habitants qui peuplent les possessions d'Asie.

Le climat de la Russie est ce que l'on appelle *continental*, c'est-à-dire qu'il y règne un froid rigoureux pendant l'hiver qui est très long, et une grande chaleur pendant l'été qui est très court. Le nord, couvert de plaines marécageuses presque toujours gelées ou de vastes forêts, est peu habité; le centre est plus fertile, mieux cultivé et plus populeux; le midi, plus chaud, produit des grains en abondance.

La Russie est, après les États-Unis, le pays qui donne les plus riches récoltes en céréales, et le premier pays du monde pour le lin et le chanvre. Elle renferme des richesses minérales variées (fer, houille, sel), des mines d'or, d'argent, de plomb, de cuivre et de platine, des pierres précieuses, des forêts immenses de sapins et de bouleaux. L'industrie, dans ces dernières années, a fait de rapides progrès; les fourrures et les cuirs de Russie sont partout estimés; les filatures de coton et de laine, les distilleries ont acquis une importance considérable.

Saint-Pétersbourg, sur les deux rives de la Néva, près de son embouchure dans la mer Baltique, est la capitale de la Russie, l'une des plus grandes et des plus belles villes de l'Europe. Elle a près de 900 mille habitants. Des rues larges et régulières, parmi lesquelles on distingue la perspective Newski, la sillonnent dans tous les sens. Partout on rencontre de superbes édifices, de riches églises et des hôtels somptueux. Les places publiques sont en général immenses, notamment celles du Palais d'hiver, du Sénat, du Théâtre

Nijni-Novgorod (Russie).

et le champ de Mars. Les sociétés savantes sont aussi nombreuses que les établissements d'instruction ; les musées et les collections scientifiques comptent parmi les plus remarquables de l'Europe.

L'industrie locale n'a guère d'importance, mais le commerce y est très actif en objets de luxe surtout, grâce aux habitudes fastueuses de la cour et de la noblesse.

Saint-Pétersbourg ne date que de 1743 ; elle fut fondée par l'empereur Pierre le Grand qui y transporta sa résidence, et devint bientôt la capitale de l'empire. La ville de *Cronstadt*, située dans le golfe de Finlande, avec sa formidable forteresse, sert pour ainsi dire de port à Saint-Pétersbourg.

Nous ne pouvons même pas songer à parcourir cet immense empire, et regrettons surtout de ne pas pouvoir nous rendre à *Nijni-Novgorod*, qui est le grand marché central de la Russie et le siège d'une des plus importantes foires du monde.

Il nous eût été agréable d'aller à *Varsovie*, qui fut la capitale de cette vaillante Pologne dont la Russie s'est partagée les États avec l'Autriche et la Prusse.

Nous avions aussi un grand désir de passer par *Kiew*, sur le Dniéper, qui existait au Ve siècle et fut la capitale de la Russie avant Moscou ; et de descendre à *Odessa*, port sur la mer Noire, qui charge des quantités considérables de grains pour Anvers. Nous aurions continué jusqu'à *Sébastopol*, en Crimée, devenue célèbre par le siège qu'en firent les Français et les Anglais en 1854

Le Kremlin de Moscou (Russie).

et 1855. Mais notre itinéraire, que nous sommes décidé à suivre rigoureusement, nous envoie en Suède, et nous nous bornerons à séjourner à *Moscou*, pour nous embarquer ensuite à *Riga*, bâtie sur un golfe du même nom, ville commerçante entretenant avec la Belgique des relations très suivies.

Moscou, qui était autrefois la capitale de l'empire, est restée le séjour de prédilection de la noblesse ; sa population dépasse 750 mille habitants. Brûlée par les Russes eux-mêmes en 1812, quand les Français y entrèrent, elle a été rebâtie rapidement et est aujourd'hui admirablement belle. Traversée par trois rivières, elle a plus de cent ponts aussi curieux les uns que les autres ; c'est par milliers dans cette ville qui a seize lieues de tour, qu'on compte les clochers de tous les âges et de tous les styles, les uns peints en rouge ou en vert, les autres ciselés ou dorés ; les églises, au nombre d'environ 1500, sont comme des musées où abondent les œuvres d'art ; le *Kremlin*, palais unique en son genre, réunit dans une même enceinte trois magnifiques cathédrales : la maison du patriarche avec deux autres églises, le palais impérial d'une splendeur incomparable, des arsenaux, le palais du sénat et plusieurs couvents célèbres.

C'est à Moscou que se font couronner les empereurs de Russie, et il s'y donne, à cette occasion, des fêtes qui dépassent en magnificence tout ce que l'on peut imaginer.

STOCKHOLM.

SUÈDE ET NORWÈGE.

La SUÈDE et la NORWÈGE forment ensemble la péninsule scandinave.

La Suède a 15 fois l'étendue de la Belgique, mais seulement un peu plus des 3/4 de sa population, puisqu'elle n'a que 4 millions et demi d'habitants.

La Norwège, avec une étendue 10 fois plus grande, n'a qu'un tiers de la population de la Belgique (1 800 mille habitants).

La population de la Scandinavie entière ne dépasse donc que d'un dixième celle de la Belgique, bien que son étendue soit 25 fois plus grande.

La Suède a sa langue particulière, mais en Norwège on parle surtout le danois. L'instruction y est fort développée et presque tous les paysans savent lire.

La presqu'île scandinave est montagneuse et pittoresque, on y rencontre de riches forêts de pins, de vastes déserts et

DÉCEMBRE EN NORWÈGE. PÊCHE AUX HARENGS.

MASSIF SCANDINAVE.

des montagnes couronnées de glaciers bleuâtres. Dans les immenses pâturages norwégiens, on élève beaucoup de bétail; il n'y a guère que la partie méridionale de la Suède qui présente des plaines arables où l'on cultive surtout l'avoine, le maïs et le sarrazin.

Le climat de la Scandinavie est généralement froid. Il est moins rigoureux cependant sur les côtes de Norwège, grâce au *Gulfstream,* courant de l'Atlantique, qui adoucit la température ; la pêche aux harengs y est très abondante pendant le mois de décembre.

L'exploitation des nombreuses mines de fer et de cuivre, les scieries de bois, dont les déchets servent à la fabrication d'une pâte à papier estimée, constituent, avec la construction des bateaux de pêche et quelques filatures, les seules industries nationales.

La Suède et la Norwège sont deux monarchies représentatives gouvernées par un même roi, mais avec une constitution et des chambres législatives distinctes.

Stockholm, capitale de la Suède et du royaume, est pittoresquement bâtie sur pilotis ; elle a un beau port sur le détroit qui unit le lac Mœlar à la mer Baltique, elle est aussi le centre principal du commerce et de l'industrie de tout le pays. (185 000 habitants.)

Christiania, la capitale de la Norwège, est une fort jolie ville, dans une situation pittoresque, avec un vaste port sur le Skager-Rack. Sa population dépasse 75 mille habitants.

2

CHRISTIANIA.

C'est au nord de la Suède et dans la partie de la Russie qui y confine, qu'habitent les Lapons, célèbres par leur petite taille qui ne dépasse guère 1 mètre 35. L'hiver y dure environ 9 mois, puis viennent des chaleurs excessives pendant 3 mois, aussi la végétation est partout la même.

Il paraît qu'au Nord de la Norwège, à *Hammerfest*, petite ville à l'extrême nord de l'Europe, il arrive que le soleil reste un mois sans se coucher.

Le renne est la grande ressource des habitants du pays, ils l'ont domestiqué, l'utilisent comme bête de trait et de somme, se nourrissent de son lait et de sa chair et se couvrent de sa peau.

LE RENNE.

GEYSER EN ISLANDE.

DANEMARK.

Le **Danemark** a une superficie de 38 302 kilomètres carrés, avec près de deux millions d'habitants, c'est-à-dire que, un tiers plus étendu que la Belgique, il n'a qu'un tiers de la population de notre pays.

Le gouvernement du Danemark est une monarchie constitutionnelle ; le pouvoir du souverain est limité par la *Diète*, qui se compose : 1° de l'Assemblée du peuple élue entièrement et directement par les électeurs, 2° de l'Assemblée du pays, dont les membres sont nommés partie par le roi, partie par les électeurs à deux degrés.

La région occidentale aride et bordée de dunes ne produit guère que de la tourbe ; la région orientale est mieux cultivée. Les îles en général sont plus fertiles, couvertes de prairies et de forêts. Les bêtes à cornes, les poissons, le cygne et l'eider sont les principaux objets du commerce des Danois ; leurs chiens sont fort renommés.

Copenhague, capitale du Danemark, située dans l'île de Seeland, et baignée par le Sund, est le centre du commerce du royaume. Place forte de premier ordre, elle possède des

LAC DES MOUSTIQUES.

établissements scientifiques et littéraires fort nombreux et une université très fréquentée. La bibliothèque publique se compose de plus de 400 000 volumes et d'une riche collection de manuscrits.

Sa population est d'environ 225 mille habitants.

L'Islande, dans l'océan Atlantique, appartient au Danemark. Cette île est presque constamment couverte de neiges et de glaciers ; on y observe les phénomènes appelés *Geysers,* jets d'eau chaude, les uns continus, les autres intermittents, qui atteignent parfois une hauteur de 50 mètres. Au nord-est on va voir un lac d'une belle couleur bleue, appelé lac des moustiques du nom des insectes qui pullulent sur ses bords.

Nous quittons le Danemark pour nous rendre aux Iles Britanniques.

OISEAUX DU NORD.

BANQUE DE DÉPOTS, A LONDRES.

ILES BRITANNIQUES.

Les Iles Britanniques, qui s'appellent aussi *Empire Britannique, Grande-Bretagne et Irlande,* ou *Royaume-Uni,* ou simplement *Angleterre,* ont une étendue de 315 mille kilomètres carrés, soit un peu plus de dix fois la Belgique, cependant sa population qui est de 53 millions d'habitants, n'est que 6 fois et demie celle de ce petit pays.

Si l'on tient compte des possessions en Asie, en Afrique, en Australie et en Amérique, la superficie totale de l'Empire Britannique dépasse 20 millions de kilomètres carrés, et sa population atteint presque 300 millions d'habitants.

La Grande-Bretagne, la plus grande île de l'Europe, se divise en trois parties : l'Angleterre, au Sud et au Centre; le pays de Galles, à l'Ouest; et l'Écosse, au Nord.

L'Irlande est aussi une grande île, une mer qui porte son nom la sépare de la Grande-Bretagne.

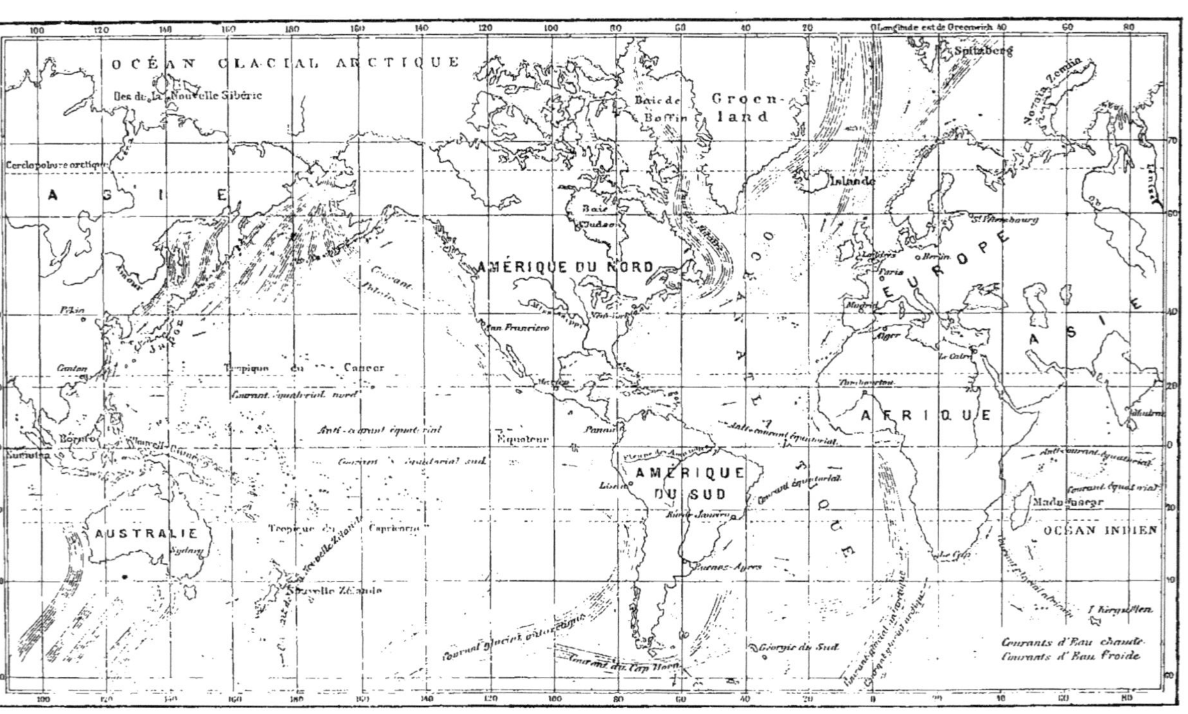

CARTE DES COURANTS OCÉANIQUES.

Il n'existe point de pays plus libre, plus commerçant et plus industrieux que les Iles Britanniques. L'agriculture y a pris un développement considérable et le sol y est admirablement cultivé; ses excellents pâturages élèvent des chevaux et du bétail fort estimés, mais les mines de fer et de charbon constituent sa principale richesse : plus de 500 mille personnes sont occupées dans les houillères. Il y a aussi des mines d'étain, de cuivre, de zinc et de plomb d'un très grand rapport.

Les côtes du royaume sont presque partout découpées par la mer, de manière à donner les plus grandes facilités pour l'embarquement des produits de sa prodigieuse industrie, que la plus puissante marine marchande exporte dans le monde entier. Ses fabriques de fer et d'acier, ses filatures de laine et de coton n'ont nulle part de rivales.

Le climat de l'Angleterre et de l'Irlande est humide et brumeux, la température y est cependant généralement douce, grâce au Gulfstream, courant océanique, qui en baigne les côtes; l'Écosse est plus froide et plus montagneuse, toutefois le sommet le plus élevé des monts Grampiants ne dépasse guère 1 300 mètres.

Le gouvernement des Iles Britanniques est une *Monarchie représentative*. Le pouvoir souverain peut être exercé par une femme ; il est limité par le *parlement* comprenant la *chambre des communes* qui se compose par voie d'élection, et la *chambre des pairs* (lords), dont les membres sont les uns héréditaires, les autres nommés par le souverain.

L'Obélisque (aiguille de Cléopatre au nouveau quai de la Tamise, a Londres).

Londres, capitale de l'Angleterre et siège du gouvernement de la Grande-Bretagne, est bâtie sur la Tamise. C'est la ville la plus peuplée, la plus commerçante, la plus industrieuse et la plus riche du monde. Le principal siège du commerce se trouve au centre de la ville, dans la partie la plus ancienne que l'on appelle la *Cité.* Jour et nuit, les grandes et belles rues sont encombrées par une foule affairée et sillonnées par des voitures et des équipages dont il est difficile de se garer. A l'Ouest, à *Westminster,* quartier de la cour, des administrations et du parlement, on rencontre à chaque pas des palais somptueux, de riches églises, particulièrement celle de Saint-Paul, ainsi que des parcs d'une vaste étendue. — A l'Est, c'est le quartier réservé au commerce maritime. — Au Sud, celui de la marine et des manufactures : on se ferait difficilement une idée de l'activité qui anime le magnifique port avec ses immenses docks. La partie nord, la plus moderne, est formée de plusieurs villages où règne également une animation qui vous donne le vertige. La population de cette immense agglomération atteint presque le chiffre de quatre millions auquel n'arrive aucune autre ville du monde.

Pour qui pourrait prolonger son séjour en Angleterre, il y aurait à visiter bien des villes d'une importance considérable: *Manchester,* par exemple, qui est le centre industriel le plus important de l'empire et peut-être de l'univers. Elle contient, en réunissant ceux de la ville et de la banlieue, environ deux mille grands établissements, spécialement

ÉDIMBOURG.

des manufactures de coton. La population de Manchester, avec celle de *Salford* qui en dépend, est de plus d'un demi-million d'habitants. — *Liverpool,* grande place de commerce pour les cotons, deuxième port d'Angleterre ; sa population dépasse un demi-million. — *Birmingham,* renommée pour ses manufactures d'armes, ses machines, sa quincaillerie, ses fabriques de plumes métalliques et sa bijouterie, a plus de 400 mille habitants. — *Sheffield,* dont la coutellerie, les rasoirs et les limes sont connus dans le monde entier ; sa population n'est guère inférieure à 300 mille habitants.

Attardé dans cette ville merveilleuse de Londres, il nous reste peu de temps pour aller en ÉCOSSE, dont nous voulons visiter la capitale, *Édimbourg,* ancienne et jolie ville, située au pied d'une montagne. Elle est le siège d'une université et de l'établissement géographique de J. Bartholomew, un des plus renommés de l'Angleterre. Sa population jointe à celle de *Leith,* qui lui sert de port, atteint le chiffre de 250 000. — Il nous faut, à regret, négliger *Glascow*, port de grande importance, avec une population de plus de 500 mille habitants et une université célèbre. Elle se trouve au centre d'un monde de manufactures, d'exploitations de mines de houille et de fer, et d'ateliers de construction de navires.

Désirant assister à une fête le lendemain, en Hollande, nous retournons à fond de train à Londres : nous y trouvons un navire en partance pour Anvers, qui semble nous attendre ; et après avoir stopé au port de cette ville, nous sommes bientôt à destination.

RETOUR DE LA PÊCHE.

CONTRÉES DU CENTRE.

LES PAYS-BAS.

Les PAYS-BAS, appelés aussi *Hollande* ou *Néerlande,* ont une superficie de 33 mille kilom. carrés, pour une population de 4 172 900 habitants, c'est-à-dire qu'un peu plus étendus que la Belgique, ils ont une population d'un tiers moins forte.

La Hollande est une monarchie constitutionnelle : le roi exerce le pouvoir législatif avec les états généraux composés de deux chambres.

Le sol est, en partie, formé de *polders*, ou terrains conquis sur la mer, que les habitants ont transformés en belles prairies où ils élèvent de gras troupeaux, et en riches campagnes qui se couvrent d'abondantes moissons,

AMSTERDAM.

consistant surtout en orge, seigle et avoine. Pour se garantir contre les inondations, ils ont élevé des digues puissantes qu'ils entretiennent avec des soins continuels. Courageux et persévérants, ils sont de plus d'une propreté proverbiale.

Le pays est généralement plat, sans autre accident de terrain que les *dunes*. La tourbe, de la terre glaise et un petit bassin houiller dans le Limbourg constituent toute la richesse minérale du pays. L'industrie n'est guère plus variée : outre ses chantiers maritimes, on ne trouve que des filatures de tissus de coton et de lin, des distilleries renommées, des fabriques de tabac et de nombreuses briqueteries. Les poissons, surtout le hareng, le merlan et le saumon, et les denrées qu'ils importent de leurs colonies, forment les principaux objets du commerce des Néerlandais.

La Haye (en hollandais S'Gravenhage), siège du gouvernement, est surtout une ville de plaisir et de luxe, avec une population de 128 mille habitants ; — la ville la plus importante est *Amsterdam*, sur le golfe de l'Y, en communication avec le Zuiderzée : c'est une place commerciale de premier ordre. Les maisons sont bâties sur pilotis et de nombreux canaux donnent à la ville l'aspect d'un groupe d'îles communiquant entr'elles par au moins 300 ponts. Son industrie particulière est la taille des diamants. Sa population dépasse 350 mille habitants. — *Rotterdam*, sur la Meuse, avec 162 mille habitants, est aussi une ville très industrielle et commerçante : c'est en outre l'un des principaux entrepôts de l'Europe pour les denrées coloniales.

PORT DE CALAIS.

FRANCE.

Nous quittons la Hollande en longeant les côtes de la Belgique où nous nous proposons de faire l'an prochain une excursion assez longue, en séjournant dans toutes les villes qui présentent quelque intérêt historique, industriel ou commercial.

Nous nous rendons en France, par la mer de la Manche, et abordons à Calais, après avoir traversé un canal d'une largeur de 31 kilomètres, appelé Pas-de-Calais. A peine débarqué, un train éclair nous transporte à Paris.

La FRANCE, au centre de l'Europe, mesure 528 572 kil. carrés ou environ 17 fois l'étendue de la Belgique, avec 37 700 000 habitants, ou un peu plus de 6 fois la population de notre pays. Dans ces chiffres ne sont point compris l'Algérie, ni les colonies en Asie, en Afrique, en Amérique et en Océanie, ni la régence de Tunis sur laquelle la France exerce son protectorat.

Une constitution votée en février 1875 et modifiée en 1884, établit définitivement la république avec un président nommé

PARIS.

pour 7 ans, et institua deux chambres législatives : le Sénat et la chambre des Députés.

On peut dire que le climat de la France est tempéré; humide dans le versant de l'océan Atlantique où il subit l'influence du *Gulfstream*, il est froid dans les parties montagneuses et sec dans le versant de la Méditerranée.

La France produit des céréales en abondance : du froment, de l'avoine, du seigle, de l'orge, surtout dans le Nord dont les magnifiques prairies donnent également de superbes récoltes en betteraves et en lin, et permettent l'élève d'un bétail nombreux. Le tabac est cultivé dans une vingtaine de départements, mais la récolte est destinée aux manufactures appartenant à l'État qui s'est réservé le monopole de la vente. La vigne est une des principales richesses de la France : les vins de Bordeaux, de Bourgogne et de Champagne s'expédient dans le monde entier. Les arbres fruitiers sont aussi d'un grand rapport pour les départements du Nord-Ouest et du Centre ; au Midi, dans le bassin du Rhône, le mûrier et l'olivier réussissent, comme l'oranger et le citronnier dans les terres voisines de la Méditerranée.

La France a de riches bassins houillers, de nombreux gisements de fer et des mines de plomb ; ses carrières de marbre, de pierres meulières et à bâtir, de kaolin ou terre à porcelaine, sont en pleine activité et fournissent des produits estimés.

L'industrie française se distingue entre toutes par l'élégance et le cachet artistique de ses productions, aussi son exportation d'objets de luxe atteint un chiffre énorme.

Hotel de ville de Paris.

Ses fabriques de tissus de laine et de soie surtout, sont, avec celles de l'Angleterre, les plus importantes de l'Europe; ses velours, ses rubans et ses dentelles sont recherchés; ses établissements métallurgiques sont considérables, de même que ses fabriques de faïences et de porcelaines, de verres, de cristaux et de glaces.

Le commerce de la Belgique avec la France se chiffre annuellement par environ 600 millions de francs.

Paris, où siège le Gouvernement, a une population dépassant deux millions d'habitants; c'est l'une des plus belles villes du monde. Son commerce extraordinairement varié consiste surtout en objets de luxe. Depuis 1852, la capitale de la France s'est transformée complètement : presque tous les vieux quartiers ont disparu et été remplacés par des palais somptueux, des constructions splendides, des boulevards immenses.

En prenant une calèche pour aller visiter le Louvre, le Luxembourg aujourd'hui le Sénat, l'Élysée, palais du chef de l'État, le Panthéon, l'hôtel des Invalides, la Bourse, l'Hôtel de ville, nous avons obtenu l'avantage de contempler sur notre parcours, une infinité de superbes édifices et de luxueuses façades d'hôtels particuliers ayant l'aspect de véritables palais.

Dans les villes de luxe et de plaisir comme Paris, les théâtres sont nombreux et amusants; nous nous sommes restreint à l'Académie de musique ou Grand Opéra, monument d'un aspect majestueux, qui a fait la réputation de son

L'OPÉRA.

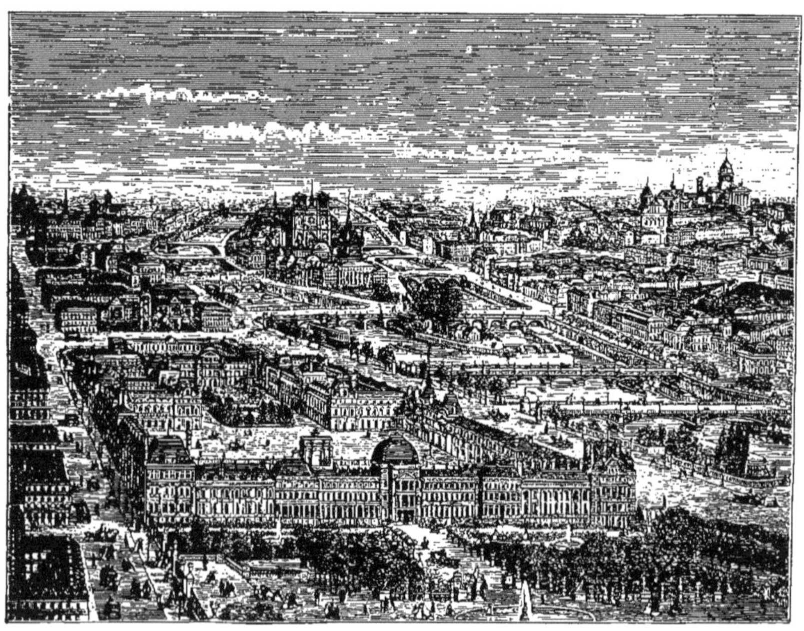

LES TUILERIES.

architecte, Garnier ; l'Opéra italien (l'Opéra comique venait de brûler) ; le Théâtre français, où l'on peut s'instruire dans l'art de bien dire; l'Odéon, la Porte Saint-Martin, le Gymnase, le Vaudeville et le joyeux Palais Royal.

Comme tous les étrangers, nous avons voulu traverser le passage du Palais royal, véritable bazar permanent ; ceux de l'Opéra, de Choiseul, de Vivienne, etc.

Les immenses jardins des Tuileries, du Luxembourg ; les riches collections du jardin des Plantes ; les boulevards, surtout ceux de Bonne-Nouvelle, de Montmartre, des Capucines, des Italiens, se succédant sur une étendue de près d'une lieue, sont des promenades toujours fort fréquentées ; cependant les boulevards sont quelquefois bien dangereux pour les piétons, aux carrefours, où viennent en même temps aboutir à droite et à gauche des voitures et des omnibus.

Ce sont de bien belles églises que la cathédrale de Notre-Dame, Saint-Eustache, la Madeleine, Notre-Dame de Lorette, la Sainte-Chapelle, etc.

Dans nos courses en omnibus qui sont si utiles pour voir beaucoup de choses en peu de temps, nous avons traversé de nombreuses places ; plusieurs ont attiré davantage notre attention, ce sont : celles du Carrousel, de la Concorde où s'élève l'obélisque de Luxor que l'on a eu tant de peine d'amener d'Égypte ; la place Vendôme, ornée d'une colonne en bronze, fondue avec les canons pris à

BATAILLE DE JEMAPPES.

l'ennemi sous le premier empire et surmontée d'une statue de Napoléon Ier qui, mise à bas pendant la Révolution de 1872, fut relevée quelques années plus tard ; celle du Châtelet au milieu de laquelle se dresse une belle statue de la Victoire.

Les ponts d'Austerlitz, d'Iéna, d'Arcole, le Pont-Neuf, et tant d'autres, sont vraiment remarquables.

Nous laissons bien des curiosités à l'écart : monuments, établissements publics, galeries de tableaux, musées de tous genres, bibliothèques, jardins botanique et zoologique, promenades. Les fabriques de tapis dits des *Gobelins* et de porcelaines de *Sèvres*, appartenant au Gouvernement produisent des merveilles qui sont mises à la disposition du chef de l'État pour des cadeaux auxquels il est astreint par sa position. — Toutes ces visites demanderaient des mois, et il ne nous en reste à peine deux pour accomplir notre course à travers le monde.

Étant à Paris, on ne peut guère se dispenser d'aller à *Versailles* visiter un superbe château bâti par Louis XIV. On y conserve d'intéressants souvenirs de la vie intime de Napoléon Ier. L'ancienne salle de théâtre est tellement vaste que la chambre des Députés a pu y tenir ses séances, pendant plusieurs années, et que les deux chambres réunies en congrès s'y sont plusieurs fois assemblées. Ce qui est fort curieux, c'est cette longue enfilade de salons où l'on a collectionné de grandes toiles rappelant les gloires militaires de la France, parmi lesquelles la bataille de Jemappes a surtout eu l'heur d'attirer notre joyeuse attention.

BORDEAUX.

En quittant le palais pour nous promener dans les merveilleux jardins qui l'entourent, nous avons eu la bonne fortune d'assister au jeu des grandes eaux, au milieu d'une foule immense accourue pour jouir d'un aussi magnifique spectacle.

Nous rentrons à Paris enchanté d'une excursion qui clôturait on ne peut mieux notre séjour dans cette admirable ville, et le lendemain, de grand matin, nous lui faisions nos adieux en partant pour Lyon.

Pendant une partie du trajet, nous nous disions qu'il était bien fâcheux de devoir négliger tant d'importantes villes, entre autres *Bordeaux*, sur la Gironde, dont les environs produisent un vin généreux et bienfaisant ; c'est en outre l'une des plus belles, des plus propres villes de France ; sa population dépasse 200 mille habitants.

Heureusement nous apercevons au loin la riche côte d'or qui nous fournit ces excellents vins de Bourgogne que les Belges aiment tant, et nos idées changent aussitôt de cours.

Nous sommes au regret de devoir renoncer à descendre jusqu'à *Marseille*, qui est en dehors de notre itinéraire : nous aurions désiré nous rendre compte de cette fameuse *Cannebière*, et demeurer quelques heures au milieu de cette population cosmopolite de près de 300 mille habitants, animée d'une fiévreuse activité commerciale. Sept ports établis sur la Méditerranée lui ont permis de développer ses relations avec tous les pays du monde, et l'ont classée

MARSEILLE.

parmi les plus importantes places de commerce de l'Europe. Les huiles, les savons et les minoteries de Marseille jouissent d'une réputation universelle.

Nous ne tardons pas à arriver à *Lyon*. Située au confluent du Rhône et de la Saône, cette ville est considérée comme la seconde de France : sa population atteint 350 mille habitants. Ses soieries et ses velours jouissent dans le monde entier d'une réputation méritée. Lyon fut la capitale de la Gaule celtique et conserva longtemps l'aspect d'une ancienne ville; c'est du second empire que date sa transformation. La place de Bellecour est très belle et très vaste.

On nous avait tant vanté l'horizon que l'on découvre du mont de Fourvières qui domine la ville, que nous n'avons pas hésité à nous y transporter, malgré la longueur du chemin abrupt qui y conduit ; nous n'avons pas eu à regretter nos fatigues, car nous avons rarement assisté à un aussi beau spectacle.

Nous ne pouvons consacrer qu'un jour à Lyon, pressé que nous sommes de gagner la Suisse. Nous ne pouvons cependant pas résister au désir de faire une ascension dans les *Alpes,* qui constituent le massif le plus considérable de l'Europe et couvrent une superficie presque égale à celle de la France. Il sépare l'Italie de la France, de la Suisse, de l'Allemagne et de l'Autriche, et c'est dans ses flancs qu'ont pris naissance quelques-uns des grands fleuves de l'Europe, tels que le Rhône, que nous avons vu à Lyon ; le Rhin, si intéressant par les sites pittoresques et les vieux

ASCENSION D'UN GLACIER.

châteaux que l'on rencontre sur son parcours; le Pô, qui arrose Turin avant de se jeter dans la mer Adriatique; et plusieurs affluents du Danube.

Qui aime les promenades pédestres et les ascensions passerait bien des mois agréables dans ces montagnes; des Anglais y demeurent même en hiver.

Nous choisissons pour les quelques excursions auxquelles nous devons forcément nous restreindre le *mont Blanc* qui est la cime la plus élevée ; il atteint 4800 mètres de hauteur et est constamment couvert de neiges et de glace. Les eaux qui en descendent forment, dans une vallée voisine, à *Chamounix*, d'immenses glaciers dont le plus remarquable se nomme la *mer de glace*.

Le mont *Rose* et le mont *Cervin* (Watterhorn) sont les plus élevés après le mont Blanc. Au Nord-Ouest de celui-ci, se trouve le mont *Simplon*, qui n'atteint pas 4 mille mètres, mais où l'on admire une route militaire avec six galeries taillées dans le roc et plus de cinquante ponts sur les précipices; elle fut établie par l'empereur Napoléon Ier, qui traversa également, en 1800, le grand *Saint-Bernard*. Un peu au-dessous du sommet du Saint-Bernard, se trouve un hospice célèbre desservi par des religieux qui se dévouent au soulagement des malheureux surpris par le froid ou égarés dans les neiges. Ils se font aider dans leurs recherches par des chiens d'une grande force et d'une intelligence remarquable, qui ont sauvé la vie à bien des voyageurs.

MONT-CERVIN (WATTERHORN).

A la chaîne des Alpes, appartiennent aussi le mont *Cenis* et le *Saint-Gothard*, au travers desquels d'habiles ingénieurs, inventeurs de gigantesques perforatrices, ont percé des tunnels en 1882 et 1883, pour installer des voies ferrées qui facilitent singulièrement les relations avec l'Italie.

CHIEN DU MONT SAINT-BERNARD.

Lucerne.

SUISSE.

La SUISSE ou *Confédération helvétique* s'étend sur 41 390 kilomètres carrés et réunit 2 850 000 habitants, soit une fois et demie la superficie et un peu plus de la moitié de la population de la Belgique.

Elle est divisée en 22 cantons, qui ont une administration particulière, mais qui s'entendent pour former ensemble une république fédérative. Les affaires d'intérêt général sont réglées par une *assemblée fédérale,* chargée du pouvoir législatif, et divisée en *conseil national* et en *conseil des États.*

Le pouvoir exécutif est exercé par un *conseil fédéral,* composé de sept membres élus pour trois ans et ayant à leur tête le *président* de la Fédération. Ce haut fonctionnaire est nommé pour un an dans une assemblée des membres du conseil, et choisi parmi eux, ainsi que le *vice-président.*

Les lois ou les résolutions fédérales ne présentant point d'urgence, doivent être soumises à un plébiscite sur la demande de 30 000 citoyens ou de huit cantons.

BERNE.

La Suisse, à part les plaines fertiles du Nord-Ouest, est sillonnée de nombreuses montagnes appartenant à la chaîne des Alpes ; plusieurs sommets, nous l'avons constaté, sont constamment couverts de neiges et d'immenses glaciers. Sur les versants et dans les vallées de ces montagnes, on cultive, suivant des zones bien marquées, des vignes, des chênes, des noyers, puis des hêtres avec des champs de céréales et de pommes de terre; enfin, avant d'arriver aux neiges perpétuelles, de belles prairies nourrissent des moutons et des vaches laitières qui produisent du beurre et du fromage excellents.

Le loup, le chamois, l'ours, les animaux à fourrures, l'aigle et le vautour se rencontrent sur les chaînes de montagnes de la Suisse.

LOUP.

Genève, sur le Rhône, est la plus grande ville de Suisse; sa population, avec les annexes, est de 68 mille habitants; ses ouvrages d'horlogerie sont fort estimés. — *Lausanne* est agréablement bâtie sur trois collines, nous nous contentons de la contempler de loin. — *Berne,* capitale de la Confédération, atteint seulement 44 mille habitants. — *Lucerne*, chef-lieu de canton, en a 15 000. Dans les environs, un énorme lion rappelle le souvenir des Suisses qui furent tués à Paris en défendant Louis XVI. — *Zurich* a de grandes fabriques de soieries et forme avec les communes limitrophes une agglomération de 75 mille habitants. — *Bâle,* divisée, par le Rhin, en deux parties reliées par un pont, possède une très riche collection de manuscrits. La population, très commerçante, dépasse 60 000 hab.

Nous quittons la Suisse pour l'Allemagne.

LAC DE GENÈVE.

ALLEMAGNE.

L'empire d'Allemagne se compose de 26 États confédérés, y compris l'Alsace-Lorraine qui a été conquise sur la France en 1871. Ces États ont chacun un gouvernement, comme une législation qui lui est propre.

La dignité héréditaire d'empereur d'Allemagne appartient au roi de Prusse, ainsi que le commandement en chef de toutes les armées de la Fédération.

Il est aidé dans l'exercice du pouvoir souverain par un Chancelier et un Conseil fédéral nommé par les États confédérés. Il existe aussi un parlement (Reichstag), élu par tous les citoyens de l'empire qui exercent un contrôle sur certains actes du Gouvernement.

La superficie totale de l'Allemagne dépasse 540 mille kilomètres carrés, avec une population de plus de 45 millions d'habitants, c'est-à-dire 18 fois l'étendue de la Belgique et 8 fois sa population.

Essen. (Établissements de Krupp.)

Outre les céréales, la pomme de terre, la betterave et le tabac que l'on récolte un peu partout, on cultive sur une grande échelle le lin : en Prusse, dans le grand duché de Bade, et dans la Bavière dont le houblon et la bière sont fort recherchés. Les établissements d'eaux thermales de Ems et de Wiesbaden sont chaque année très fréquentés.

La vigne réussit parfaitement dans les vallées du Rhin et de la Moselle et donne d'excellent vin.

Les charbons sont abondants dans les bassins houillers de la Rühr et de la Sarre, ainsi qu'en Saxe où gisent de riches mines de fer, de cuivre et de plomb. On a aussi découvert beaucoup de fer dans la partie S. E. de la Prusse, et l'on y voit installés, à proximité des sièges d'extraction, de nombreuses forges, des ateliers de construction immenses et un peu plus loin d'importantes sucreries.

L'industrie sucrière a surtout acquis un rapide développement en Saxe. Les jolies porcelaines qu'on fabrique dans ce pays conservent une réputation qui date de longtemps.

Grâce à l'excellente qualité de la laine des troupeaux saxons, les filatures, les fabriques de tissus et de dentelles obtiennent partout une grande renommée.

On remarque dans la région qu'arrose le Rhin, des groupes de puissants établissements métallurgiques, et des fabriques d'étoffes, de soieries, de velours en pleine activité.

BERLIN. (CHEMIN DE FER AÉRIEN.)

Le kirsch et les objets en bois de la forêt Noire sont aussi avantageusement connus que les jouets de Bavière (Nuremberg).

Ne connaissant pas la langue allemande, nous ne trouverions qu'un intérêt secondaire à nous rendre dans tous ces États ; nous n'irons même pas voir toutes les capitales. Nous nous bornerons à quelques courtes visites aux villes principales en commençant par la Prusse.

LA PRUSSE.

La Prusse est une monarchie constitutionnelle héréditaire. Après la guerre qu'elle entreprit, en 1866, contre une partie de l'Allemagne, elle s'annexa le royaume de Hanovre, les duchés de Schleswig-Holstein, de Lauenbourg, de Hesse-Nassau et la ville libre de Francfort.

Sa capitale, *Berlin*, est en même temps celle de tout l'empire d'Allemagne. Bâtie sur la Sprée, elle est l'une des plus grandes villes de l'Europe: sa population dépasse un million d'habitants. Industrielle et commerçante, elle possède de beaux monuments, de nombreuses collections artistiques et de riches bibliothèques. Dans une des rues principales, on a construit un chemin de fer aérien comme il en existe beaucoup en Amérique.

Tous les amateurs d'objets d'art font figurer dans leur itinéraire la ville de *Dresde*, capitale de la Saxe, pittoresquement étagée sur les deux rives de l'Elbe ; nous pouvons assurer que la réputation dont jouit sa

CATHÉDRALE DE COLOGNE.

galerie de tableaux est en effet incontestable. Dans un palais dit Japonais, est exposée une riche collection de porcelaines, comprenant près de 100 mille objets dont quelques-uns uniques au monde ; à côté un merveilleux musée d'art industriel. (225 000 hab.)

Nous ne pouvons pas quitter la Saxe, sans aller jusque *Leipzig*, célèbre par la sanglante défaite de Napoléon en 1813, ce qui nous intéresse médiocrement ; mais nous y sommes attiré parce que nous savons que c'est l'une des villes les plus commerçantes de l'intérieur de l'Allemagne ; que ses foires sont très fréquentées, et que plusieurs maisons de librairie et de gravure avec lesquelles nous nous félicitons d'avoir d'excellentes relations commerciales, ont une importance considérable et une réputation universelle. — La population de Leipzig est d'environ 150 mille habitants.

Un train excessivement rapide passant par *Cassel* et *Dusseldorf*, nous transporte à *Cologne* (Coeln), jolie ville, très ancienne et très forte, sur le Rhin. La plupart des maisons nous semblent mal bâties, mais les nombreuses églises renferment presque toutes de précieuses reliques ; la cathédrale, commencée au XIIIe siècle, est enfin terminée. Elle est splendide et renferme un riche trésor que l'on montre .... moyennant pourboire. — On fait partout un heureux emploi de cette eau bienfaisante et spiritueuse, dite *eau de Cologne*. Si l'on réunit Cologne et Deutz qui sont seulement séparées par un pont, leur population atteint presque 150 mille habitants.

Aix-la-Chapelle dont les eaux minérales attirent une foule d'étrangers malades, fit jadis partie de la Belgique et devint la capitale du vaste empire de Charlemagne. C'est dans cette ville que l'on couronnait autrefois les empereurs d'Allemagne. Sa population approche de 90 000 habitants. — D'Aix-la-Chapelle nous retournons à Cologne et faisons, en bateau, un gai voyage sur le Rhin ; notre but est *Trèves,* en laissant de côté *Coblenz* et *Mayence* (malgré la réputation de ses jambons). Avant d'arriver à cette dernière ville, nous nous arrêtons au petit village de *Capelen*, où, sur une terrasse élevée de 100 mètres, se dresse le château de *Holzenfeld*, en style gothique pur, qui est une des résidences d'été du roi de Prusse. La Cour étant absente, nous sommes admis à visiter, à l'intérieur, une magnifique chapelle et une grande salle des chevaliers ornées de fresques d'une exécution parfaite. Le jardin d'hiver est très beau, ce qui cependant nous a le plus charmé, c'est la vue enchanteresse dont on jouit de la terrasse. — *Trèves,* une des plus anciennes villes de l'Europe est riche en antiquités romaines ; elle mérite qu'on s'y arrête. Les ruines d'une arène romaine sont cependant fort négligées, mais ce qui intéresse surtout, c'est la *Porta Nigra,* imposant monument, tout en gros blocs de pierre noircie. Ses dimensions sont telles qu'on a pu s'en servir pour beaucoup d'usages, même à une chapelle ; elle est aujourd'hui délaissée. On se demande avec quels engins, au XIe siècle, on a pu amener à pied d'œuvre et entasser les unes sur les autres toutes ces énormes pierres. Trèves fut la capitale de la Belgique sous l'empereur romain Auguste, puis la capitale des Gaules sous Constantin ; sa population n'est plus

CHUTE DU RHIN A SCHAFFHOUSE.

EMS.

aujourd'hui que de 25 000 habitants. — *Francfort-sur-le-Mein,* ville libre, pendant plusieurs siècles ; devint de fait, en 1815, capitale de l'ancienne Confédération germanique qui fut dissoute après la guerre de 1866. C'est l'une des principales places de commerce de l'Allemagne ; sa population s'élève à environ 140 mille habitants.

Il est bien fâcheux que nous devions nous priver d'aller à *Munich* (München), la capitale du royaume de Bavière, l'une des plus belles villes de l'Allemagne et des plus riches en monuments de tous les styles. Il est connu que ses galeries, son musée de tableaux et sa bibliothèque sont très remarquables ; et que, de plus, son musée d'art industriel réunissant, par ordre de date, des spécimens de tous les pays, est le plus complet que l'on connaisse. C'est à Munich que fut inventée la lithographie. Sa population dépasse 230 mille habitants. — *Nuremberg*, ville bavaroise, est fort intéressante. De nombreuses fabriques produisent des quantités énormes d'instruments de musique et de mathématiques, et des millions de ces beaux jouets qui font la joie des enfants. On y remarque de curieuses constructions du moyen âge. Il y a au moins 100 mille habitants.

En retard de quelques jours, nous passons, à fond de train, en Autriche, où nous ne ferons pas non plus un long séjour.

Pont Stéphanie, a Vienne.

AUTRICHE-HONGRIE.

L'AUTRICHE-HONGRIE a 622 269 kilomètres carrés de superficie et une population de 38 millions d'habitants (dont 16 environ pour la Hongrie), ce qui équivaut à 21 fois l'étendue de la Belgique et à 6 1/2 fois sa population.

Le territoire de la monarchie *Austro-Hongroise* se divise en deux parties : les pays *Cisleithans* (en deçà de la Leitha, affluent du Danube), appelés aussi les *pays de l'Empire,* et les quatre pays *Transleithans* (au delà de la Leitha), ou *pays de la couronne de Hongrie.*

L'empereur d'Autriche, qui porte aussi le titre de roi de Hongrie, partage le gouvernement avec un Conseil d'état composé des ministres communs aux deux parties de la monarchie ; il y a de plus un Conseil d'empire (*Reichsrath*) comprenant la chambre des Seigneurs non élue, et la chambre des Représentants nommée par quatre catégories d'électeurs.

La *Hongrie* a une constitution particulière avec un ministère et une diète (*Reichstag*), composée de la Table des Magnats et de celle des Députés. La Croatie et l'Esclavonie ont aussi une diète, mais avec des pouvoirs limités.

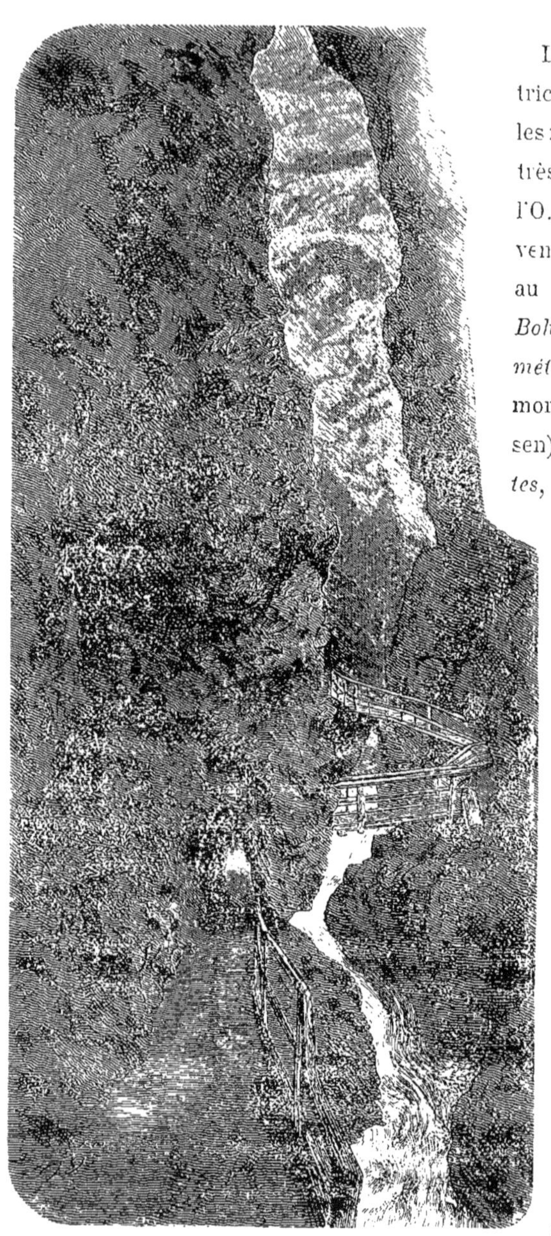

Gorges de montagnes dans le pays de Salzbourg.

Les plaines en Autriche alternent avec les montagnes qui sont très nombreuses : à l'O. l'arête des Alpes venant de la Suisse ; au N. les monts *de Bohême*, les monts *métalliques* (Erz), les monts *des Géants* (Riesen), les monts *Sudètes*, formant la limite de la Prusse ; à l'E. les monts *Karpathes*, dont plusieurs sont couverts de neiges, qui séparent les plaines également fertiles de la Hongrie et de la province de Galicie, puis se prolongent au S. entre la province de Transylvanie et la Roumanie.

La plupart de ces montagnes, notamment les gorges voisines

de la ville de *Salzbourg,* dans la haute Autriche, l'ancien *Juvavum* détruit en 448 par Attila, renferment de riches mines de métaux : du fer, de la houille, du zinc, du plomb, de l'argent, du mercure et même de l'or. On exploite des mines de pétrole en Galicie.

La plaine de Hongrie arrosée par le Danube est des plus féconde. Son riz et ses vins sont excellents, son bétail et ses chevaux renommés. Dans la Transylvanie, il y a des forêts de sapins magnifiques.

Le climat de l'Autriche est continental, c'est-à-dire qu'il n'y a guère que deux saisons également excessives : l'été et l'hiver. (C'est à peu près comme en Belgique.)

Les Autrichiens ne sont guère industriels : il est vrai que toutes les chaînes de montagnes qui enserrent leur pays, rendaient difficile leur commerce d'exportation.

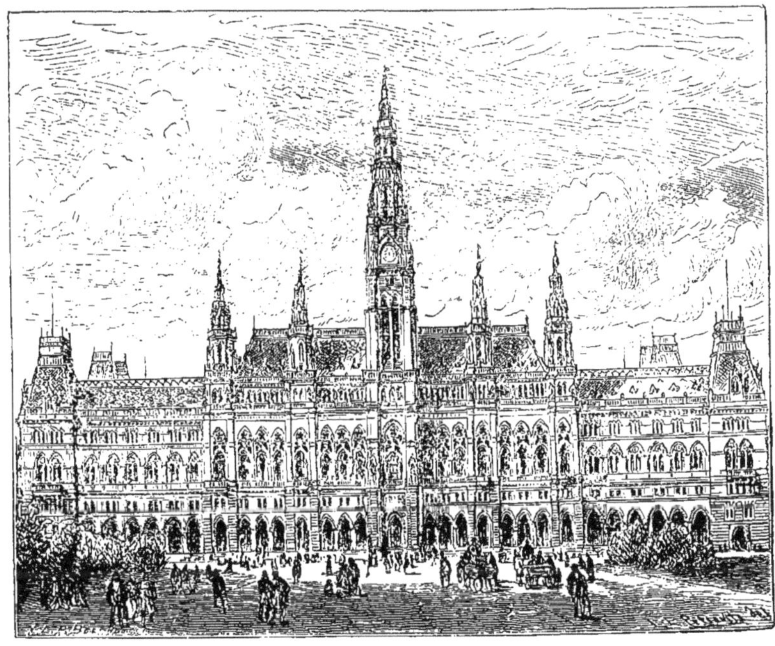

HÔTEL DE VILLE DE VIENNE.

BUDA-PEST.

La capitale de l'empire est *Vienne*, sur le Danube, son commerce principal consiste en étoffes de soie et de laine, ainsi qu'en objets de luxe et de fantaisie. Un pont d'une construction hardie, sur le canal du Danube à Vienne, porte le nom de la princesse belge Stéphanie, devenue, à la suite de son mariage, archi-duchesse d'Autriche. Sa population atteint un million avec les troupes et les 35 communes limitrophes. — *Prague*, capitale de la Bohême, est renommée pour ses glaces et ses cristaux. Sa cathédrale de St-Vit est citée comme l'un des plus admirables édifices gothiques de l'Allemagne. On évalue sa population à 160 mille habitants.

HONGRIE. — Les villes de *Pesth* et de *Bude*, situées sur les rives du Danube, ont été reliées entr'elles par un pont de bateaux de 450 mètres, et ensuite réunies, il y a une quinzaine d'années, à *Altofen*, pour ne former ensemble qu'une seule ville, sous le nom de *Budapesth*. Capitale du royaume de Hongrie, elle est le siège de la diète. (361 000 habitants.) — *Segedin*, dont la spécialité est la construction de bateaux et de moulins flottants, nous attire par un douloureux souvenir. Partagée en deux villes par la Theuss, affluent du Danube, elle se croyait protégée par de solides digues, contre les débordements du fleuve ; en 1879, un ouragan terrible, joint à une inondation furieuse, rompit tous les obstacles, renversa cinq mille maisons et noya deux mille personnes.

En quittant Segedin, notre projet était d'aller directement nous embarquer à Trieste, l'une des villes les plus importantes de l'Europe au point de vue du commerce d'exportation, pour nous rendre en Italie par la mer Adriatique. Mais nous n'avons pas su résister au désir de nous arrêter à *Laibach*, ville de 26 000 habit., voisine de

Inondation de Segedin. Rupture d'une digue.

Puits de pétrole en Galicie.

la grotte d'Adelsberg, réputée la plus grande de l'Europe. On y a découvert, il y a quelques années, le squelette d'un homme complètement recouvert de stalactites.

Nous consacrons seulement quelques heures à *Trieste* et prenons le premier paquebot pour Venise.

Le percement, en 1884, d'un chemin de fer à travers l'*Arlberg,* chaîne secondaire des Alpes, a provoqué un rapide développement du commerce de l'Autriche, en établissant des rapports directs avec l'Occident.

GROTTE D'ADELSBERG.

UNE RUE A POMPÉI.

CONTRÉES DU MIDI.

ITALIE.

L'ITALIE a une superficie de 288 540 kilomètres carrés pour loger une population de 29 millions d'habitants ; elle est donc près de dix fois plus étendue que la Belgique, mais cinq fois seulement plus peuplée.

L'Italie était partagée, avant la guerre de 1859, en neuf États qui, par cession, conquête ou annexion, ont été successivement réunis sous le sceptre de la maison de Savoie. Elle forme une monarchie constitutionnelle avec deux chambres, celle des Députés nommée par élection et le Sénat composé par le Roi.

L'Italie actuelle se compose de : 1° l'ancien royaume de *Sardaigne,* comprenant le Piémont et l'île de Sardaigne ;

(*) Le Vésuve a son cratère près de Naples, il est souvent en activité. Ses éruptions datent de l'an 79 et ensevelirent Herculanum, Pompéi et Stabies; elles se renouvelèrent depuis avec des intensités diverses et à des intervalles irréguliers. — L'éruption de 1872 a été réellement désastreuse.

EXPLOSION DU VÉSUVE *.

— 2° le royaume *Lombard-Vénitien*, faisant autrefois partie de l'empire d'Autriche (la Lombardie a été réunie à l'Italie en 1859 et la Vénétie en 1866) ; — 3° le duché de *Parme* et *Plaisance*, le duché de *Modène*, le grand duché de *Toscane*, qui ont eu tous, jusqu'en 1860, des souverains particuliers et indépendants ; — 4° les anciens *États de l'Église*, autrefois soumis à l'autorité du Pape ; — 5° le royaume des *Deux-Siciles* et de *Naples*, conquis en 1861.

La *Savoie* et le comté de *Nice*, qui appartiennent au royaume de Sardaigne, ont été cédés à la France en 1860.

Le climat de l'Italie est varié, généralement agréable et sain, si l'on excepte les *marais Pontins* dans les environs de Rome ; il est doux dans le centre et très chaud dans le midi, où souffle parfois un vent brûlant appelé *sirocco*. Le ciel d'Italie a inspiré bien des peintres et des poètes.

Au Nord, entre les Alpes et les Apennins qui traversent l'Italie dans toute sa longueur, se trouve une vaste plaine très fertile ; arrosée par le Pô, l'Adige et leurs affluents, elle produit en quantité des céréales et du maïs. Le Piémont, la Lombardie et la Vénétie y sont compris. — La Toscane, au centre, arrosée par l'Arno, renferme des mines de houille, de cuivre, de mercure et les célèbres marbres de Carrare. — Le soufre est abondant en Sicile. — Dans l'île d'Elbe on exploite des mines de fer. — En Sardaigne, des mines de plomb et de zinc et de belles forêts de chêne-liège.

Les fruits, tels que les oranges, les figues, les dattes, les citrons, réussissent fort bien. — On cultive beaucoup la vigne qui donne un vin renommé, celui des environs de

VENISE.

Naples surtout. — L'élève du ver à soie se fait sur une vaste échelle dans de nombreux établissements appelés *magnaneries*.

L'Italie tient le premier rang sous le rapport des richesses artistiques que renferment ses nombreux musées. L'école italienne en peinture, en sculpture, comme en musique, jouit d'une réputation universelle incontestée.

Venise (en italien Venezia) par où nous entrons en Italie, semble sortir de la mer. Elle est bâtie sur 80 îlots, mis en communication entr'eux par des canaux que parcourent des milliers de gondoles, souvent décorées avec une grande richesse. — On compte plus de cent ponts, dont plusieurs sont vraiment remarquables, notamment le pont *des Soupirs* et le pont de *Rialto*. — Les rues sont généralement étroites, mais bien pavées. — Quelques places sont magnifiques, celle de *Saint-Marc* entr'autres, où l'on remarque une fort jolie église placée sous le même patronage, et une bibliothèque où sont collectionnés de précieux manuscrits. — Il y a en nombre de splendides monuments, des palais princiers parmi lesquels on distingue l'ancien palais *ducal* ou des *doges*, dans lequel les chefs-d'œuvre des plus grands sculpteurs italiens se rencontrent à côté des tableaux du Titien, de Tintoret, de Paul Véronèse. — Le théâtre de la *Fenice* est un des plus beaux de l'Italie.

Venise reste encore une des plus intéressantes villes de l'Europe, quoique bien déchue de son ancienne splendeur.

C'est par un chemin de fer, construit sur pilotis, qu'en quittant Venise l'on pénètre sur le continent.

Nous nous dirigeons à toute vitesse dans la direction de *Milan*, capitale de l'ancienne Lombardie, ville magnifique, dont la cathédrale gothique, connue sous le nom de Dôme de Milan, est l'un des plus vastes et des plus splendides temples de la chrétienté. Le théâtre Della Scala est aussi l'un des plus beaux du monde. La population milanaise dépasse trois cent vingt mille habitants.

CATHÉDRALE DE MILAN.

Sans nous arrêter à *Pavie,* antique cité du temps des Gaulois, où Charles-Quint, en 1525, défit François Ier, nous nous rendons à *Turin,* sur le Pô, superbe ville dont les rues sont régulières et comme tirées au cordeau. Ce fut jusqu'en 1865 le siège du gouvernement du royaume d'Italie et sa population, très considérable alors, est descendue à 250 mille habitants.

Le temps nous presse, nous renonçons à *Gênes* (Genova), bien qu'elle soit surnommée la Superbe à cause de la magnificence de ses édifices ; elle fut au moyen âge une des plus grandes puissances maritimes (180 000 habitants).

Nous courons à *Florence*, sur l'Arno, qui fut jadis capitale du duché de Toscane, puis du royaume d'Italie jusqu'en 1870.

PALAIS DE FLORENCE.

Vue de Rome (Saint-Pierre et le fort Saint-Ange).

Le départ de la cour a sensiblement réduit la population de Florence qui s'est abaissée à 170 mille habitants.

Considérée comme l'une des plus belles villes du monde, Florence est certainement la plus riche en objets d'arts ; ses musées regorgent de chefs-d'œuvre de sculpture et de peinture. Partout de superbes palais, des statues magnifiques, des églises remarquables, notamment la cathédrale (Duomo), de délicieux jardins.

Au centre d'une place immense, on a élevé récemment à la mémoire de Michel-Ange, un splendide monument entouré d'une balustrade en marbre blanc du meilleur goût.

Nous allons directement à *Pise,* sur l'Arno, pour admirer la fameuse tour inclinée ; nous nous rappelons que c'est dans cette ville qu'est né Galilée, célèbre mathématicien et astronome. Nous n'y séjournons pas longtemps, car nous sommes bien impatient d'arriver à *Rome,* qui nous attire par cette accumulation bien connue de magnificences et de merveilles qui nous réjouit d'avance ; aussi de Pise à Rome nous faisons le voyage d'une seule traite.

Le Vatican, palais du Pape avec le Quirinal, est reconnu comme le plus beau palais qui existe, celui qui renferme le plus de richesses artistiques ; l'église Saint-Pierre, qui y tient, est incontestablement la plus somptueuse de l'univers.

Nous nous sommes trouvé fort embarrassé pour faire un choix dans une multitude d'autres édifices qui étaient recommandés à notre attention. Nous avons donné la

ROME ANCIENNE.

préférence au château Saint-Ange et au nouveau Capitole; nous avons aussi parcouru quelques galeries des catacombes qui s'étendent sous la ville. On nous avait énuméré une quantité de palais, de villas, une litanie d'églises à n'en pas finir; des fontaines magnifiques, des places immenses; nous nous sommes borné à quelques-unes de ces curiosités, celles dont les noms semblaient éveiller chez nous des souvenirs classiques. Nous n'avons visité que quelques-unes des innombrables galeries de tableaux et deux musées ; et nous y avons rencontré partout de véritables chefs-d'œuvre.

L'ancienne Rome était plus étendue et plus peuplée que la ville actuelle : elle comprenait dans son enceinte 12 montagnes et avait 37 portes ; sur les 500 temples et les innombrables palais qui existaient jadis, plusieurs subsistent encore, et de la plupart des autres il reste des ruines intéressantes.

Nous nous gardons d'oublier la *cloaca maxima*, égoût principal, où aboutissaient les canaux souterrains construits pour l'assainissement de la ville, et dont les voûtes construites depuis plus de deux mille ans conservent encore une grande solidité ? — Qui ne s'étonnerait de voir ces arcades d'aqueducs tenir encore debout après autant de siècles ? — Quels restes imposants que ceux du *Colossée* ou *Colisée*, vaste amphithéâtre qui date aussi des premières années de notre ère, et où se donnaient les combats des gladiateurs ? — Combien il est facile, avec ce qu'il en reste, de reconstituer ces splendides thermes où la population allait se livrer aux exercices du corps et de l'esprit, où l'on se rendait pour prendre des bains dans des salles

Détroit de Messine. — Charibde et Scylla.

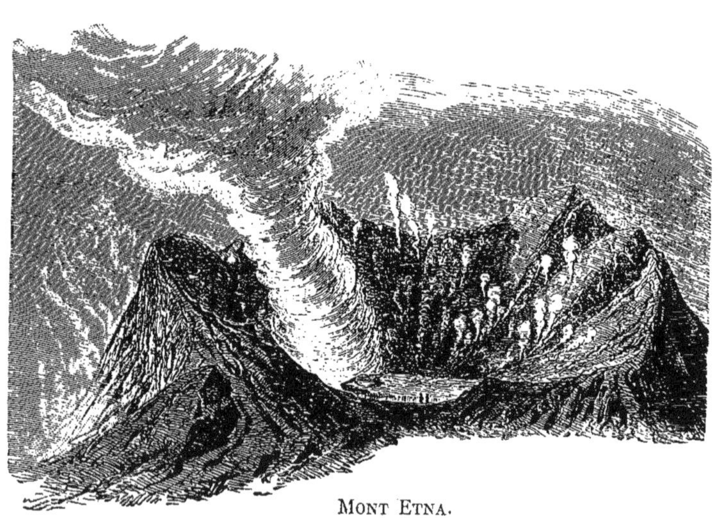

Mont Etna.

décorées de tableaux et de sculptures superbes, soutenues par des colonnes en marbre blanc! — Les arcs de triomphe, les colonnes, les obélisques, les mausolées, le Forum, le Capitole, sont encore des témoignages irrécusables de la splendeur de la Rome ancienne.

Hélas ! il faut nous résigner à quitter cette éblouissante ville, et continuer notre voyage : c'est à Naples qu'il nous faut aller.

Naples, bâtie en amphithéâtre, possède un excellent et vaste port sur la Méditerranée ; c'était autrefois la capitale du royaume des deux Siciles et de Naples. — Dans les environs de la ville, des fouilles intelligentes ont mis récemment à découvert des quartiers entiers des villes de *Pompéi* et d'*Herculanum*, ensevelies depuis 17 siècles, sous les laves du Vésuve.

En quittant Naples où nous sommes resté moins de temps que nous le pensions, nous sommes allé en Sicile, par le détroit de Messine, d'où l'on aperçoit les fameuses montagnes de Charybde et Scylla, qui ont servi à composer un proverbe fort en usage : Tomber de Charybde (d'un mal) en Scylla (dans un pire). Nous avons abordé à *Catane,* ville de 100 000 âmes, aux environs de laquelle se trouve le mont Etna, voisinage qui lui a été souvent fatal.

Après notre visite au Volcan que nous avons trouvé plus tranquille qu'en 1879, nous revenons sur nos pas et, traversant à toutes voiles la mer Tyrrhénienne, nous nous rendons en Espagne par le détroit de Bonifacio qui sépare la Sardaigne de la Corse appartenant à la France.

MANOLA DE SÉVILLE.

ESPAGNE.

L'ESPAGNE, qui forme avec le PORTUGAL, la *péninsule Ibérique,* couvre une superficie de 507 033 kilomètres carrés, soit 17 fois celle de la Belgique, mais n'ayant que 16 000 000 habitants, sa population n'est que trois fois celle de la Belgique.

L'Espagne, aux XVe et XVIe siècles, s'était placée au premier rang des puissances européennes ; grâce aux encouragements qu'elle avait accordés aux grands voyageurs de l'époque, elle possédait de nombreuses colonies en Afrique, en Amérique et en Océanie : au siècle suivant, des guerres et des révolutions les lui enlevèrent en grande partie, et il ne lui en reste que quelques-unes aujourd'hui.

L'Espagne essaya de la république en 1873, elle est redevenue monarchie constitutionnelle en 1875. Le pouvoir législatif est exercé par le Roi et les Cortès comprenant un Sénat, dont la moitié des membres est choisie par la Couronne et l'autre moitié élue par les citoyens les

École des arts et métiers a Saragosse.

plus imposés et une chambre de Députés, nommée par des collèges électoraux.

L'Espagne est divisée en quarante-neuf provinces formant quatorze capitaineries générales ayant à leur tête des lieutenants généraux. Les *îles Canaries*, en Afrique, et les *îles Baléares* à l'E., forment de véritables provinces espagnoles.

Le relief de l'Espagne, fort accidenté, a cependant beaucoup de terres fertiles, mais qui sont mal cultivées. Les mines de houille, de fer, de plomb, de cuivre, de zinc, d'argent abondent; on trouve plusieurs exploitations de mercure dont l'une est considérée comme la plus riche de l'Europe.

Les vins de Xérès, de Malaga et d'Alicante sont fort estimés ; de même que les abricots, les figues, les noisettes, les oranges. Dans les régions du Sud, les cotonniers et les cannes à sucre réussissent très bien, et le long de la Méditerranée poussent de fort beaux oliviers.

La province de Castille produit en abondance des céréales, et ses plateaux nourrissent d'innombrables troupeaux de moutons connus sous le nom de *mérinos*.

Le chêne-liège est commun en Espagne, on en fabrique des quantités considérables de bouchons, que l'on expédie surtout à l'étranger. Les vins de liqueurs d'Alicante et de Malaga sont excellents.

L'industrie périclita pendant de longues années, elle semble aujourd'hui en voie de prospérité : les tissus et les

BARCELONE.

PLACE PUERTO DEL SOL, A MADRID.

draps espagnols sont estimés, les porcelaines et les armes de Tolède sont en voie de regagner leur antique réputation.

Nous faisons notre entrée en Espagne par la ville de *Barcelone,* la moins espagnole du royaume, dont elle est cependant le premier port de commerce. On n'y rencontre aucun monument de valeur, mais on remarque, du côté de la mer, une haute muraille sur laquelle s'étend une promenade fort fréquentée ; un peu au delà se trouve une colline portant la citadelle. Une exposition internationale a lieu en ce moment ; nous avons la joie de constater que la Belgique y figure avec honneur.

Nous tenons à aller à *Saragosse,* jadis la capitale de l'Aragon, qui s'illustra par la résistance qu'elle opposa aux Français en 1809, dans le plus terrible siège des temps modernes. La ville n'a rien de remarquable.

Nous nous dirigeons vers *Madrid,* capitale du royaume, fort jolie ville, quoique bâtie sur un sol inégal et sablonneux. Sa population dépasse un demi million. Ses rues sont souvent larges, les plus belles aboutissent à un carrefour appelé *Puerta del sol* (porte du Soleil), où se donnent rendez-vous tous les étrangers. La promenade du *Prado* est la mieux fréquentée.

Le musée de peinture est une des curiosités de Madrid, il se compose d'une collection incomparable de chefs-d'œuvre des écoles espagnole, vénitienne et flamande.

L'arène où se livrent les combats de taureaux pour lesquels toute l'Espagne raffole, est immense : nous

Combat de Taureaux.

avons eu la bonne fortune d'assister à une sanglante lutte.

Il y a 42 places et beaucoup de rues, nulle part de monument ancien ; mais plusieurs édifices modernes très beaux, notamment le Palais royal, situé sur une hauteur, à laquelle les jardins formant terrasses semblent servir de piédestal, il se détache en relief pittoresque. En face s'ouvre la place d'*Orient* avec une belle statue de Philippeet, IV sur le pourtour, celles de quarante-quatre rois d'Espagne.

Il y a autour de la ville plusieurs autres palais royaux.

A 57 kilomètres, dans un pays sauvage, inculte, se trouve le colossal palais-cloître, *Escurial,* auquel le roi Philippe II, en 1565, à la suite d'un vœu, donna la forme rectangulaire pour rappeler le gril sur lequel le saint qu'il avait invoqué subit le martyre.

Dans une autre direction, à peu près à la même distance, les superbes jardins du palais d'*Aranjuez* sont très curieux, on y rencontre à chaque pas des statues, des vases, des marbres de grande valeur ; ce qui étonne davantage encore, c'est une luxuriante végétation au milieu d'un pays aride.

— A 60 kilomètres au N., s'élève le magnifique palais de la *Granja*, résidence d'été des souverains espagnols, tracé sur le plan de celui de Versailles : on n'y compte pas moins de 26 pièces d'eau.

Le palais du Congrès est remarquable par sa riche décoration : sur le devant une jolie statue de Cervantes.

Nous descendons à *Cordoue*, ancienne capitale des califes arabes, qui comptait alors 20 mille maisons, 700 mosquées et 50 palais. Quelle décadence aujourd'hui ! Les maisons ont conservé leur caractère oriental, avec leur cour centrale, leurs rares fenêtres et leurs portes cintrées ; sur la rive droite du Guadalquivir qui arrose la ville, on voit encore un pont romain. La cathédrale est une mosquée arabe du VIIIe siècle, surmontée d'une tour à 5 étages, du XVIe siècle. L'intérieur est divisé en 36 allées dont les mille colonnes qui soutiennent les voûtes, sont toutes d'un morceau, en marbres les plus rares.

CATHÉDRALE DE CORDOUE.

Les parois sont ciselées et couvertes d'arabesques d'une délicatesse infinie. Il est fâcheux que le chœur qui se trouve au milieu de cette forêt de colonnes soit du style gothique flamboyant ; quoique magnifique, il gâte l'harmonie de cette merveille de l'art mauresque.

Nous arrivons à *Grenade,* la dernière capitale des Maures en Espagne, qui a conservé ses maisons rappelant l'Orient

COUR DES LIONS DE L'ALHAMBRA DE GRENADE.

La Giralda de Séville.

par ses ruelles étroites. De la colline qui domine la ville, on jouit d'une vue admirable, qui s'étend jusqu'aux villages voisins s'épanouissant au milieu de bosquets d'orangers et d'oliviers.

Le palais de l'Alhambra qu'habitaient les rois maures est un véritable chef-d'œuvre ; nulle part en Orient, ni à Constantinople, ni au Caire, ni à Damas, on ne voit rien de pareil. Il renferme quatre cours centrales appelées *patios*, dont la plus remarquable est celle dite *des Lions*, parce que la fontaine qui se trouve au milieu, est soutenue par douze lions. Tout autour sont des galeries appuyées sur 128 colonnes supportant des arcs d'une rare élégance, et dont les murs sont tellement ornés qu'ils ressemblent à une guipure de pierre. Au milieu, à droite et à gauche, s'avancent deux élégants portiques : l'un mène à la salle dite *des deux sœurs*, dont la voûte est en stuc et coloriée de bleu, de rouge et de vert brillant encore de leur primitif éclat. Les murs sont couverts de broderies aussi en stuc à petits reliefs d'une délicatesse indescriptible. Malheureusement l'empereur Charles-Quint se passa la fantaisie de raser une des cours pour construire un palais d'un autre style, qui n'a jamais été achevé, il est vrai, mais qui néanmoins fait un fâcheux contraste avec les vestiges du palais maure.

En quittant Grenade, nous allons à *Séville*, également située sur le Guadalquivir, et considérée comme la seconde ville de l'Espagne. Avec ses rues étroites et

CADIX.

tortueuses, avec ses cours au centre des maisons, elle a conservé son caractère ancien qui rappelle l'Afrique. Sa cathédrale, surnommée la *Giralda*, joli spécimen du style gothique flamboyant, est la plus vaste de toute l'Espagne. L'intérieur est partagé en 5 nefs séparées par des piliers de 141 pieds de haut; son chœur et ses 37 chapelles constituent de véritables trésors artistiques. La tour élancée et d'une rare élégance, faisait partie de l'ancienne mosquée que l'église actuelle a remplacée. L'Alcazar arabe de Séville est des plus remarquable, sa façade est couverte de superbes ciselures découpées dans la pierre; il servait de résidence aux rois d'Espagne. La cour qui se trouve au centre du palais, est entourée d'une galerie dont les murs couverts d'arabesques ciselées dans la pierre, sont ornés de carreaux arabes de faïence vernissée dont les couleurs brillent d'un éclat inimitable. Quatre salles décorées avec la même élégance communiquent avec cette cour. A côté de ce palais splendide s'étendent des jardins qui datent des rois maures. Le palais de Pilate, sur le plan de la maison de Pilate à Jérusalem; et celui de San Telmo, qui appartient au duc de Montpensier, méritent la faveur d'une visite. Les femmes de Séville sont généralement gracieuses et belles.

Nos excursions projetées en Espagne doivent se terminer par *Cadix*, port militaire et commercial, dont la rade est aussi sûre que belle. Nous n'y restons que quelques heures, parce que nous trouvons, tout prêt, un navire qui nous conduira promptement en Afrique.

Il nous restera, en Europe, à parcourir la Turquie, que nous réservons avec intention, parce que nous avons le projet de rentrer dans notre pays en traversant ce

Détroit de Gibraltar.

vaste empire. Mais, avant d'abandonner l'Europe, nous voulons voir le fameux rocher de *Gibraltar* qui s'élève perpendiculairement du sein de la mer. Toute la paroi tournée vers l'Espagne est creusée en galeries ouvertes en batteries dont les canons passent par des embrasures percées dans le roc.

La ville, qui est construite en amphithéâtre sur le flanc du rocher, appartient aux Anglais depuis 1704.

AFRIQUE.

ALEXANDRIE.

AFRIQUE.

L'*Afrique,* quoique voisine de l'Europe, nous a été longtemps peu connue.

Des voyageurs intrépides, dans ces dernières années, ont parcouru les régions africaines inexplorées, pour y fonder des stations commerciales et civilisatrices : Barth, Nachtigal, Baker, Livingstone, Cameron, Du Chaillu, Specke, Burton, Stanley sont des noms devenus célèbres ; malheureusement un climat fatal y a fait de trop nombreuses victimes.

Un nouvel État s'est constitué récemment sous le nom de État indépendant du *Congo*. Toutes les nations associées se sont plu à reconnaître que c'est surtout à l'initiative, à la constante persévérance et à la large générosité du Roi des Belges Léopold II, que l'on doit cette création ; aussi est-ce à lui qu'elles ont offert la souveraineté du Congo. Dès le début il avait formulé en ces termes le but à poursuivre : Planter définitivement l'étendard de la civilisation sur le sol de l'Afrique centrale.

LION. (D'après P. POTTER.)

L'Afrique a été jusqu'en 1869 jointe à l'Asie par l'isthme de Suez, qui imposait aux navires européens en destination des Indes, un long détour par le cap de Bonne-Espérance. Le percement d'un canal à travers cet obstacle a singulièrement abrégé le voyage.

Traversée, presque au milieu, par l'équateur, l'Afrique est la partie du monde où l'on a constaté la plus grande chaleur moyenne annuelle. C'est la patrie de ces hommes noirs que l'on appelle *Nègres;* on les rencontre groupés par peuplades dans les régions de l'intérieur, en compagnie des animaux féroces et sauvages, tels que lions, tigres, léopards, éléphants, rhinocéros, panthères, crocodiles, serpents, chameaux, girafes, autruches, perroquets, singes, etc. Les insectes sont si nombreux en certains endroits qu'ils constituent un véritable fléau. Au centre de l'Afrique, s'étend une vaste plaine de sable, appelée *Sahara* ou grand *désert,* manquant d'eau et de végétation, à part quelques oasis où, à l'ombre des dattiers, la population cultive du maïs et diverses espèces de fruits. Les côtes africaines sont fertiles : on y récolte des céréales, une grande variété de fruits, du raisin et toutes sortes d'épices.

L'Afrique possède des mines d'or, d'argent, de pierres précieuses, etc., elle exporte en Belgique son plus beau corail et ses meilleures éponges.

L'Afrique a une superficie de près de 30 millions de kilomètres carrés, c'est-à-dire trois fois celle de l'Europe ; sa population dépasse 200 millions d'habitants, ce qui donne environ 7 habitants par kilomètre carré.

ALGER.

Nous longeons les côtes du MAROC sans y aborder; nous aurions cependant été fort aise de voir marcher le chemin de fer en miniature qu'un industriel montois a fourni au Sultan, pour faciliter les promenades du souverain dans ses immenses jardins.

On prétend que la région des montagnes et les vastes plaines marocaines sont fertiles au point de produire trois récoltes par an.

Nous n'avions pas compris dans notre trajet l'ALGÉRIE, possession française ; cependant notre navire a dû entrer dans le vaste et beau port d'*Alger*, pour réparer quelques avaries.

Nous délaissons la régence de TUNIS, placée sous le protectorat de la France, ainsi que le villayet de TRIPOLI qui constitue une province de l'empire turc, afin d'arriver plus tôt en ÉGYPTE, où nous avons l'intention de nous arrêter plusieurs jours.

Ce pays est gouverné, sous la suzeraineté de la Turquie, par un pacha héréditaire et absolu (que l'on prie quelquefois de se retirer, comme il est arrivé à Ibrahim pacha, qui s'était beaucoup amusé à l'exposition de Paris et qui voulait continuer à son retour), porte le titre de *Vice-Roi* ou de *Khédive* et étend son autorité sur la *Nubie,* le *Korfodan,* le *Soudan* et le *Darfour* composé d'oasis au milieu de vastes déserts.

Le climat de l'Égypte est fort chaud. La moyenne annuelle des jours de pluie n'y est que de 18 à 20, aussi l'air est-il excessivement sec.

Désert de la Libye.

Ouragan de sable.

Nous prenons terre à *Alexandrie*, ville fondée par Alexandre le Grand et port très important sur la Méditerranée, qui sert d'entrepôt pour le commerce de l'Égypte avec l'Europe : plusieurs puissances y ont installé des consuls. Quelques restes de son ancienne splendeur sont assez curieux et il y a plusieurs beaux monuments modernes.

Nous avions songé à une excursion à l'oasis du désert de *La Lybie ;* mais nous y avons renoncé en apprenant que d'incommodes ouragans de sable l'infestaient fréquemment. Nous avons préféré nous rendre à *Suez,* station sur la mer Rouge, fréquentée par les navires qui vont aux Indes.

De Suez nous allons au *Caire,* et à peine en marche, nous apercevons sur la rive droite du Nil, d'élégants minarets d'environ 400 mosquées, qui donnent à la ville un gracieux aspect. Elle est peut-être le centre commercial le plus actif de l'Afrique. Dans de nombreux bazars et de vastes caravansérails, on rencontre des agents de toutes les nations, habillés de costumes de toutes formes et couleurs. Au sortir de la ville, se dressent au milieu d'une grande plaine, dans un état de délabrement qu'expliquent quarante siècles d'existence, deux pyramides gigantesques, dénommées *Aménophis* et *Memnon,* que l'on croit avoir été attribuées à la sépulture des rois d'Égypte ou des animaux sacrés. Pour se faire une idée des dimensions prodigieuses de ces colosses, on a mesuré le doigt du milieu et on a obtenu 1 m. 38 cent. Sur une des faces de la plus grande pyramide on a découvert

INONDATION DU NIL.

PYRAMIDES D'ÉGYPTE.

une inscription faisant connaître que, pendant la construction qui a duré 20 ans, on a dépensé 1600 talents d'argent. à peu près 7 millions de francs, pour les légumes fournis aux ouvriers. Nous nous trouvions précisément dans ces parages au moment de la grande crue du Nil, qui procure à toute la vallée une fertilité extraordinaire. Nous sommes tombé en admiration devant le magnifique spectacle que nous offraient ces deux monuments émergeant de l'inondation, et ces troupes de flamants barbotant dans l'eau.

En avant de ces pyramides, on remarque une statue colossale malheureusement fort mutilée, le *sphinx*, qui semble être leur gardien.

Tout le long du Nil, ce sont des ruines de palais, des débris de statues, d'obélisques qui gisent sur le sol; on les trouve en grand nombre, surtout à *Karnac* et à *Louqsor* d'où vient l'obélisque qui orne à Paris la place de la Concorde.

Sur la rive gauche du Nil, à l'emplacement de l'ancienne *Thèbes*, dont il est si souvent question dans l'histoire fabuleuse des Grecs, on s'extasie devant ce qui reste du fameux palais appelé Ramesséum, du nom du roi Ramsès qui l'a bâti bien des siècles avant notre ère. Ces ruines sont le plus pur spécimen qui soit arrivé jusqu'à nous de l'architecture égyptienne. En regardant devant nous, au loin, nous apercevons encore et toujours des vestiges de la richesse que déployaient, dans leurs constructions, les premiers rois Égyptiens. Mais nous sommes en Égypte depuis trop longtemps, et nous la quittons pour continuer notre course le long des côtes d'Afrique, en nous servant du premier

CATARACTES DU ZAMBÈSE.

navire qui traversera la mer Rouge. Nous ne nous inquiétons pas des villes africaines que nous rencontrons sur notre route, et moins encore de celles qui se trouvent sur le rivage opposé et qui appartiennent à l'Asie. Nous nous proposons de parcourir cette contrée lors de notre retour dans nos pénates.

Nous traversons le détroit de *Bab el Mandeb* et le golfe d'*Aden;* nous ne trouvons aucun intérêt au pays des SOMALIS, habité par des tribus nomades, ni au sultanat de ZANZIBAR qui fournit à la Belgique des clous de girofle et du poivre rouge. Nous nous arrêtons à la capitainerie générale de MOZAMBIQUE, considérée comme province portugaise, avec le droit de choisir son représentant au parlement. Nous renonçons à la capitale qui a donné son nom au pays et nous abordons au port de *Quilimané* à l'embouchure du *Zambèze*. Ce fleuve dont la découverte a illustré le célèbre explorateur anglais Livingstone, possède plusieurs cataractes et l'on prétend que l'une d'elles est plus abondante que la chute du Niagara (États-Unis). C'est vraiment dommage qu'il y ait si loin pour aller nous en assurer.

En quittant Quilimané nous étions tenté d'abandonner les côtes pour nous rendre à l'île de *Madagascar* qui forme un royaume d'une étendue égale à 18 fois celle de la Belgique.

Nous devons renoncer à ce beau projet, à cause du peu de temps dont nous pouvons encore disposer en faveur de l'Afrique.

Marché Africain.

Le pays des CAFRES que le Zambèse arrose également est habité par une foule de peuplades que l'Angleterre voudrait prendre sous son autorité. Les *Bassoutos* et les *Zouloulandais* qui en font partie, ont jusqu'ici bravement défendu leur indépendance les armes à la main : c'est dans une de ces guerres que le fils de Napoléon III a été tué.

Nous n'avons pas le loisir de nous arrêter dans tous les pays qui se trouvent le long de la côte. Avant d'arriver au cap de Bonne-Espérance, nous saluons au large la république du TRANSWAL ou *Sud Africaine,* qui a dû se soumettre à la suzeraineté de l'Angleterre, qui a bien voulu lui conserver son autonomie dans l'administration intérieure. On y a découvert de riches mines d'or, d'argent, que les difficultés de transport rendent très coûteuses à exploiter. — L'État libre d'ORANGE, république fondée par des émigrants hollandais. — Les colonies du CAP et de NATAL, appartenant aux Anglais, qui leur ont laissé une administration particulière. C'est du Cap qu'Anvers reçoit en grande partie les diamants bruts que les joailliers convertissent en brillants. La ville du Cap fortifiée et très commerçante, est la résidence du Gouverneur anglais. — La HOTTENTOTIE est formée de nombreuses tribus réunies en petites bourgades appelées *Kraals.* Les Hottentots sont généralement laids et de plus fort sales.

Il nous tarde d'arriver au CONGO, intéressant pour nous à divers titres : d'abord le Gouvernement central siège à Bruxelles, puis un nombre considérable de Belges

LÉOPOLD II, SOUVERAIN DE L'ÉTAT INDÉPENDANT DU CONGO.

STANLEY.

sont venus, avec enthousiasme, prêter leur concours à une œuvre humanitaire à la tête de laquelle se trouve leur roi Léopold II. Les uns y ont trouvé la mort, les autres sont attachés à des stations où ils se distinguent par leur courage et leur initiative.

L'étendue du *Congo* approche de 2 millions de kilomètres carrés, pour 30 millions d'habitants.

Les 4/5 du territoire congolais étant situés dans la zone torride, la flore et la faune produisent l'une et l'autre des sujets aussi riches que variés.

Nous tenons naturellement à nous faire une idée des stations dont plusieurs ont été créées par nos compatriotes, et nous prenons place sur un joli navire, sur lequel nous sommes fiers de découvrir la marque d'une firme belge.

C'est sur le Congo, fleuve très large et navigable sur une longueur de 10 000 kilomètres, que nous sommes allé visiter *Boma* et *Matadi*, factoteries importantes ; mais pour aller à *Léopoldville*, il nous a fallu faire la route à pied, ce qui n'est pas tout à fait agréable pour les voyageurs, et doit présenter bien des difficultés pour le transport des marchandises. Il paraît qu'il est question d'établir, sous peu, un chemin de fer pour relier ces stations. Heureusement, le Congo redevient navigable au delà de Léopoldville et nous pouvons nous rendre facilement à quelques autres stations, telles que *Bolobo, Equateur-ville, Falls-Station*.

Les productions principales du Congo sont : le café, le quinquina. le cacao, le caoutchouc, l'huile, le copal,

Village sur le Congo.

Regardez, voila un homme blanc!...

l'ivoire, etc. La Belgique fait un échange avec ses fabricats : cotons, flanelles, quincailleries, verres, armes, etc.

Les grandes nations européennes ont créé au Congo des comptoirs commerciaux, généralement installés sur les côtes.

Les essais de colonisation dans l'intérieur, dirigés par Stanley et d'autres voyageurs intrépides, n'ont guère réussi ; les déserts, les larges cours d'eau et les montagnes que l'on rencontre fréquemment sont de grands obstacles aux explorations.

Une Compagnie belge ayant pour objet le développement des relations commerciales et industrielles dans ce pays, s'est constituée récemment ; nous lui souhaitons de tout cœur le plus rapide et le plus fructueux succès.

Notre séjour au Congo ayant été prolongé au delà de nos prévisions, il nous reste bien peu de temps pour visiter les côtes de la Guinée, portant des noms en rapport avec la production particulière du territoire, tels que côte d'or, d'ivoire, du poivre, des esclaves, etc.

Nous mettons pied à terre à *Bonny* et à *Frestow,* qui sont des points d'arrêt pour les Belges allant au Congo. Nous visitons *Monrovia,* capitale de la petite république de *Libéria,* qui a un traité de commerce avec la Belgique, et pour consul à Mons un de nos amis.

Son nom de Libéria vient de ce qu'elle a été fondée par des esclaves libérés.

Nous allions continuer jusqu'aux îles du *Cap vert* qui se trouvent également sur le trajet des Belges, lorsque nous voyons se manifester au loin tous les phénomènes avant-coureurs d'une violente tempête.

Nous allons attendre le paquebot-poste de la côte méridionale d'Afrique, passant par les îles de Banana, Gabon, Saint-Thomé et Prince ; et arrivé à Madère, nous nous dirigeons vers *Lisbonne*, que nous désirons visiter.

En y arrivant nous faisons nos adieux à l'Océan Atlantique, renonçant aux voyages en mer, et donnant la préférence aux express et aux rapides pour accomplir notre retour dans notre ville natale

UNE TEMPÊTE.

RETOUR EN EUROPE.

RETOUR EN EUROPE.

PORTUGAL.

Nous pénétrons dans la capitale du Portugal par un port de peu d'étendue : les Portugais l'appellent *Lisboa*.

Lisbonne se présente par sa situation en amphithéâtre, sur la rive droite du Tage, sous un aspect grandiose et pittoresque; l'embouchure voisine du fleuve vient compléter un ensemble charmant.

Si le port n'a pas de vastes dimensions, il est bien fortifié, et c'est le seul port militaire qui existe dans le royaume.

Il y règne beaucoup d'activité, ce qui prouve que le commerce se fait sur une vaste échelle, que les exportations au loin sont importantes et les industries fort nombreuses.

Plusieurs auteurs prétendent que cette ville a été fondée par Ulysse; d'autres par les Phéniciens.

Ce qui paraît plus certain, c'est que sa prospérité se développa surtout sous la domination des Arabes et des Maures qui s'en emparèrent au VIIIe siècle.

LISBONNE.

Sujette aux tremblements de terre, celui de 1755 la détruisit presque de fond en comble.

La ville ancienne conserve son caractère de vétusté et on ne nous a pas conseillé d'aller la voir; on nous a engagé au contraire à aller parcourir la ville nouvelle, et nous n'avons pas perdu notre temps, car les rues par lesquelles nous sommes passé sont très belles, très larges et très propres.

La population semble affairée et nous trouvons que les magasins sont bien achalandés. — La circulation nous frappe aussi. — Les monuments nous paraissent peu nombreux.

Il est vrai que nous mettons fin à notre promenade aussitôt que nous apercevons que l'heure de prendre l'express du soir est bien près d'arriver, et nous retournons à la gare.

Nous choisissons la ligne passant par *Valence*, dont la cathédrale est considérée comme la plus riche du royaume. Nous profitons des quelques minutes d'arrêt pour acheter à la gare des oranges, qui méritent certainement leur réputation.

ESPAGNE.

Nous nous dirigeons vers *Madrid,* et nous arrivons rapidement dans la gare. Le buffet est très bien tenu, on nous sert un excellent dîner, arrosé de vins et liqueurs récoltés et fabriqués dans le pays.

Nous reprenons le premier express sans entrer dans la ville, parce que nous avons visité la capitale de l'Espagne au début de notre voyage ; de plus, nous nous sommes promis de ne pas trop nous attarder en route.

On s'arrête quelques minutes à *Irun,* c'est le moment de mettre notre montre à l'heure française, car nous abandonnons peu après le territoire espagnol.

DILIGENCE ESPAGNOLE.

FRANCE.

La première ville française est *Bayonne;* nous nous y serions peut être arrêté pour aller à *Biaritz,* agréable station, si nous n'avions trouvé qu'il faisait trop froid pour prendre un bain de mer.

A partir de Bayonne, notre express devient presque un rapide, puisque nous ne nous arrêtons que six fois, et pour quelques minutes, avant d'arriver à *Bordeaux.*

Le pont du chemin de fer que nous traversons pour pénétrer dans cette belle ville, est hardi et magnifique.

Ayant conservé un bon souvenir de notre séjour datant de neuf ans, nous aimons à nous y arrêter et nous lui consacrons un jour.

Bordeaux, chef-lieu du département de la Gironde, est admirablement située sur la rive gauche de la Garonne. Le théâtre est un des plus importants de l'Europe : au premier rang des loges est annexé un petit salon, orné de grandes glaces qui permettent de voir la salle et de suivre la représentation.

Les voûtes du plafond aux portes de sorties sont de toute beauté et plates.

BORDEAUX.

On nous signale le quartier du Chapeau-Rouge, que nous trouvons très beau. — Promenades magnifiques, places immenses.

Le commerce, nous dit-on, est varié, considérable et s'étend jusqu'aux Indes.

Les vins Bordelais sont renommés, mais tout le monde sait que, sous le nom de Bordeaux, on vend fréquemment des vins de la Gironde et des départements voisins.

Nous nous rappelons que c'est aussi ce qui arrive dans la vente des tabacs de la Havane et de notre Obourg. Ce n'est pas d'ailleurs les seuls produits pour lesquels on est obligé de recourir à cette malice pour contenter les clients.

Pour notre part, nous déclarons que nous attachons peu de valeur à l'étiquette, quand la marchandise est agréable et de bonne qualité.

Après avoir visité les énormes entrepôts de denrées coloniales et de divers autres articles, nous sommes rentrés à l'hôtel, où on nous a offert un excellent verre de liqueur étiqueté des Alpes. — Nous nous en sommes fait expédier quelques bouteilles.

Nous prenons le lendemain le train rapide du matin, qui nous conduit sans arrêt à *Paris*, où nous avons décidé de rester deux jours, malgré les fatigues provenant des deux nuits passées dans le train.

Le lendemain, malgré tout, nous étions sur pied de bonne heure, nous nous rendons, en fiacre, à la questure

LE LOUVRE, A PARIS.

de la Chambre des Députés, où l'on distribue les cartes d'entrée pour la séance du jour même, que les journaux annonçaient devoir être intéressante.

Nous avons eu beaucoup de peine à obtenir cette faveur, et c'est grâce à la remise d'une carte de visite au questeur, sur laquelle se trouvait l'énumération de tous nos titres et fonctions, que nos sollicitations ont été couronnées de succès.

Nos petits ennuis ont été vite oubliés, car nous avons eu la chance d'entendre les plus fougueux orateurs se chamailler avec deux ministres.

M. le président de la Chambre a bien souvent été obligé d'agiter son marteau, et il y a eu rappel à l'ordre.

Le soir, après avoir visité le Louvre, où nous avons rencontré un grand tableau représentant la bataille de Jemmapes, nous sommes allé entendre au théâtre français, le *Monde où l'on s'ennuie*, de Pailleron, qui nous a extrêmement amusé.

BATAILLE DE JEMAPPES.

Le lendemain, nous nous sommes fait conduire à l'exposition pour admirer de près, cette fameuse tour qui a été construite par l'heureux et habile ingénieur Eiffel.

Nous nous sommes ensuite dirigé vers la section belge, où nous avons constaté avec une joie bien vive, que l'installation était l'une des plus avancées, grâce à la prodigieuse activité et à l'intelligente impulsion imprimée aux travaux par le Commissaire général, le représentant Jules Carlier. Elle sera certainement prête l'une des premières.

Nous regrettons de ne pas avoir rencontré notre cher compatriote sur son terrain, pour lui adresser nos plus chaudes félicitations.

De l'exposition nous rentrons directement à l'hôtel, nous bouclons nos malles, saluons l'aimable propriétaire, et promettons à notre automédon un pourboire, si nous arrivons à temps pour ne pas manquer le train rapide qui doit nous ramener à *Mons*, en 4 heures.

Il nous mène si vite, à travers un dédale de voitures, que nous arrivons un quart d'heure trop tôt, juste le temps pour pouvoir choisir une excellente place dans un coupé.

Nous lui donnons deux francs, il parut éprouver beaucoup de plaisir de notre largesse.

Nous trouvant seul, nous dormons d'un bon somme.

Nous entrons en gare exactement à l'heure fixée, et nous éprouvons en nous éveillant un extrême bonheur, en apercevant, devant nous, la Tour du Val des Écoliers,

LA TOUR DU VAL DES ÉCOLIERS.

d'autant plus qu'elle est malheureusement appelée à disparaître.

Dans la gare, des Montois et des Montoises, à notre descente du train, nous serrent amicalement la main. Nous avons eu une rude envie de les embrasser.

Nous trouvons notre voiture à la sortie, et nous recommandons à notre cocher de fouetter notre cheval, qui nous conduit, à fond de train, dans notre agréable maison de campagne de l'avenue de Bertaimont, où nous étions attendu avec une vive impatience.

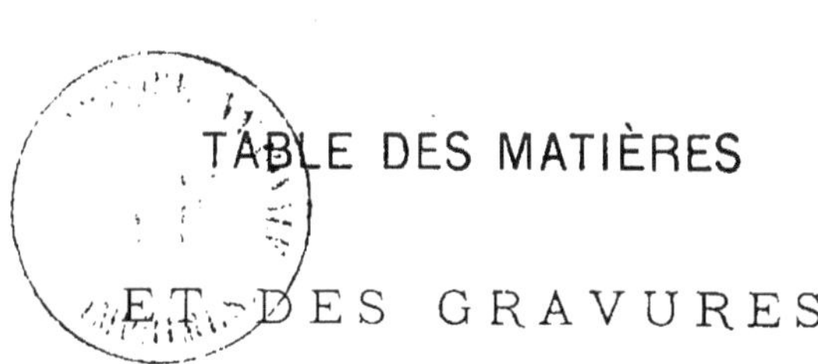

TABLE DES MATIÈRES

ET DES GRAVURES

TABLE

DES MATIÈRES ET DES GRAVURES

—

EUROPE

AFRIQUE

RETOUR EN EUROPE

PONT STEPHANIE, A VIENNE.

www.ingramcontent.com/pod-product-compliance
Ingram Content Group UK Ltd.
Pitfield, Milton Keynes, MK11 3LW, UK
UKHW021044230726
13926UKWH00004B/1646

9 782014 458442